LA
LIGUE DE L'ENSEIGNEMENT

DES

DEUX-SÈVRES

10 Centimes

AU PROFIT DE L'ŒUVRE

NIORT

IMPRIMERIE TH. MERCIER

1869

J'avais annoncé la publication du premier numéro du *Bulletin de la Société d'Enseignement des Deux-Sèvres* pour le 10 octobre. Ce premier numéro n'a pu être publié à la date indiquée.

Les lignes qui suivent feront connaître la cause de ce retard, en même temps que les mesures prises par les membres fondateurs de la Ligue des Deux-Sèvres pour la constitution définitive de l'Association.

A. P.

Niort, 19 octobre 1869.

LA LIGUE DE L'ENSEIGNEMENT

DES DEUX-SÈVRES

Le projet de former, dans le département des Deux-Sèvres, une ligue de l'enseignement n'est pas un projet personnel et qui soit né d'hier.

Nous en avons tous conçu depuis longtemps la pensée, et si cette pensée ne s'est pas réalisée plus tôt, c'est que nos mœurs opposaient à tout effort libre une barrière presque infranchissable.

Aujourd'hui, nous savons ce que l'on doit attendre de l'association ; nous voyons ce que valent, groupés autour de l'idée généreuse, ces éléments épars, qu'on nous montrait naguère si faibles, et nous sentons plus que jamais que notre premier devoir est de sortir du rang humiliant qui nous est assigné sur le Tableau comparatif de l'instruction publique en France (1).

Aussi, lorsque, il y a quelques mois, j'ai proposé à mes concitoyens de fortifier et de multiplier parmi nous les moyens d'enseigner, je n'ai fait que répondre à un désir universellement ressenti, et j'ajoute que les volontés étaient si bien et si complétement préparées à cet acte salutaire, que de toutes parts l'empressement a été grand à coopérer à cette œuvre du progrès moral, qui est la source de toute émancipation réelle.

Mais pour mener à bien une semblable entreprise, il ne

(1) Voir le tableau publié en 1866 par les soins du ministre de l'instruction publique. Le département des Deux-Sèvres a, sur ce tableau, la cote 50.

suffit pas de rencontrer la sympathie du plus grand nombre, il faut encore donner à la loi les garanties qu'elle réclame de tous.

— On connaît la lettre de nos codes, en ce qui concerne le droit de s'associer.

« Nulle association de plus de vingt personnes, dont le but sera de se réunir tous les jours ou à certains jours marqués pour s'occuper d'objets religieux, littéraires, politiques ou autres, ne pourra se former qu'avec l'agrément du gouvernement, et sous les conditions qu'il plaira à l'autorité publique d'imposer à la Société. » (Art. 291.)

A défaut de cet agrément reconnu indispensable par le code de 1806, la ligue des Deux-Sèvres était donc forcée, ou de se faire reconnaître comme succursale d'une Société déjà autorisée, ou d'adopter l'article 77 de la loi de 1850, ou bien encore de recourir au système des associations à personnel et à capital variables, inauguré par la loi de juillet 1867, cela sous condition d'agir au bénéfice de ses seuls associés.

Il lui était toutefois permis, avant de décider du mode d'organisation qu'elle adopterait, de faire appel au dévouement public.

« Une Société, dit en effet M. de Forcade La Roquette, peut exister à l'égard des associés, avant d'exister à l'égard des tiers. Elle constitue alors une Société *sui generis*, ayant pour objet de recueillir les épargnes de chacun. Une convention est parfaitement licite entre un certain nombre de personnes qui a pour objet de recueillir des souscriptions volontaires. » *(Moniteur du 8 juin 1867.)* C'est là ce qui fut fait. Les membres fondateurs publièrent, en même temps que les listes de souscription, un projet de réglement et, le 23 septembre, une commission (1) pro-

(1). Cette commission est composée de MM. Pierre Caillet, Chabandy, Léo Desaivre, Garran de Balzan, Goguet, Méchain, Monnereau, Antonin Proust et Roy.

visoire nommée par les premiers souscripteurs, se chargea d'aviser à la constitution de la Société.

Afin d'être en mesure de donner à nos travaux une publicité régulière, je déposai, le 24, à la préfecture des Deux-Sèvres, une déclaration ainsi conçue :

« Monsieur le préfet,

» J'ai l'honneur de vous déclarer, conformément aux » prescriptions de la loi du 11 mai 1868 (1), que je suis » dans l'intention de faire paraître par livraisons de une ou » deux feuilles (format in-8°) et à des époques indéter-» minées, un recueil qui aura pour titre : *Bulletin de la* » *Société d'Enseignement des Deux-Sèvres.*

» Ce *Bulletin*, dont je serai le propriétaire et le gérant, » sera imprimé par M. Mercier, imprimeur, rue des Yvers, » n° 1.

» Veuillez recevoir, monsieur le préfet, l'assurance de » ma considération très distinguée.

» ANTONIN PROUST,
» Rue des Douves, à Niort. »

M. le préfet des Deux-Sèvres.

Le 26, je reçus par les soins de M. le secrétaire de la Mairie de Niort, communication de la lettre suivante :

PRÉFECTURE DES DEUX-SÈVRES.

—

1ᵉ Division. — Secrétariat.

—

OBJET : PRESSE.
Écrit périodique dit *Bulletin de la Société d'enseignement des Deux-Sèvres.*

—

Niort, le 25 septembre 1869.

« Monsieur le Maire,

» M. Proust (Antonin), de Niort, a déposé à la Préfec-» ture une déclaration pour la publication d'un écrit pério-

(1) Voici le texte de cette loi, en ce qui se rapporte à la déclaration préalable :

ART. 1 et 2. « Tout Français majeur, et jouissant de ses droits civils et politiques, peut, sans autorisation préalable, publier un journal ou écrit périodique, paraissant soit régulièrement et à jours fixes, soit par livraisons et irrégulièrement. »

Aucun journal ou écrit périodique ne peut être publié, s'il n'a été fait, à Paris, à la

» dique, intitulé : *Bulletin de la Société d'Enseignement des*
» *Deux-Sèvres.*

» Il n'existe ici aucune trace de la constitution ni de
» l'organisation de cette Société, et je vous prie d'inviter
» le déclarant à justifier de son existence légale, une asso-
» ciation ne pouvant publier ses actes avant d'être réguliè-
» rement constituée.

» Recevez, Monsieur le Maire, l'assurance de ma consi-
» dération distinguée.

» *Le Préfet :* L. ISOARD. »

Cette confusion entre l'exécution d'une formalité exigée
par la loi de 1868 et les termes des lois qui régissent le
droit de s'associer me paraissant inadmissible, je fis tenir à
M. le Maire de Niort la lettre suivante :

Niort, le 28 septembre 1869.

« Monsieur le Maire,

» Je reçois, par les soins de M. le secrétaire de la
» Mairie, copie de la communication qui vous a été faite
» par M. le Préfet des Deux-Sèvres, relativement à la for-
» malité que j'ai dû remplir pour la publication d'un écrit
» périodique, intitulé : *Bulletin de la Société d'Enseignement*
» *des Deux-Sèvres.*

» Aux termes des articles 1 et 2 de la loi du 11 mai 1868,
» les publications de cette nature n'étant pas assujeties
» à d'autres formalités que celles que je viens de remplir,
» j'attendais de M. le Préfet un reçu pur et simple de ma
» déclaration.

» Mais M. le Préfet semble vouloir subordonner la déli-
» vrance de ce reçu à la justification de l'existence légale de

---

préfecture de police, dans les départements, à la préfecture, et quinze jours au
moins avant la publication, une déclaration, contenant :

1° Le titre du journal ou écrit périodique, et les époques auxquelles il doit paraître ;
2° Le nom, la demeure et les droits des propriétaires, autres que les commanditaires ;
2° Le nom et la demeure du ou des gérants ;
4° L'indication de l'imprimerie ou il doit être imprimé.

» la Société dont le nom figure dans l'intitulé de la publi-
» cation que je me propose de faire.

» Je crois devoir répondre, Monsieur le Maire, qu'il me
» paraît impossible de considérer comme un acte révélant
» l'existence d'une Société constituée, la déclaration préa-
» lable que la loi de 1868 demande à tout gérant d'un recueil
» périodique.

» Les conditions faites par la loi sur la presse sont
» absolument indépendantes des conditions exigées par les
» lois qui règlent le droit de s'associer, lois aux prescrip-
» tions desquelles toute Société est d'ailleurs tenue de se
» conformer.

» Je me vois donc dans la nécessité, Monsieur le Maire,
» d'insister pour obtenir le reçu de la déclaration régulière
» que j'ai déposée, le 24 du présent mois, à la Préfecture
» des Deux-Sèvres, et je prends la liberté de recourir à
» votre obligeante entremise pour hâter la délivrance d'une
» pièce qui ne saurait m'être refusée.

» Veuillez agréer, Monsieur le Maire, l'assurance de ma
» considération très distinguée.

» ANTONIN PROUST. »

Monsieur le Maire de Niort.

Après l'envoi de cette lettre, j'attendais le récépissé qui
m'était dû, lorsque le 1er octobre la mairie me fit remettre
les pièces que voici :

MAIRIE DE NIORT
(Deux-Sèvres).

N° 299.

Niort, le 1er octobre 1869.

« Monsieur,

» En réponse à la communication que je lui ai donnée
» de vos observations du 28 septembre dernier, concernant
» la déclaration que vous avez faite à la Préfecture de votre
» intention de publier un recueil périodique intitulé : *Bul-
» letin de la Société d'Enseignement des Deux-Sèvres*, M. le
» Préfet m'a adressé, le 30 du même mois, la lettre dont
» j'ai l'honneur de vous remettre une copie ci-incluse.

» Veuillez, je vous prie, Monsieur, remarquer le dernier
» paragraphe de cette lettre.

» Recevez, Monsieur, l'assurance de ma considération
» très distinguée.

» *Pour le Maire, chevalier de la Légion d'honneur,*

» DEMAY, adjoint. »

M. Antonin Proust, Niort.

PRÉFECTURE DES DEUX-SÈVRES.
—
1re Division. — Secrétariat.

Niort, le 30 septembre 1869.

—

Projet de publication d'un recueil
intitulé :
Bulletin de la Société
d'Enseignement des Deux-Sèvres.

—

» Monsieur le Maire,

» J'ai reçu, avec votre lettre du 28 de ce mois, la copie
» des observations de M. Proust (Antonin), en réponse à
» celles que vous lui aviez transmises par suite de ma lettre
» du 25 courant, relative à son intention de publier un re-
» cueil périodique intitulé : *Bulletin de la Société d'Ensei-*
» *gnement des Deux-Sèvres.*

» L'insistance de M. Proust m'a mis dans la nécessité de
» prendre les instructions de S. Exc. M. le ministre de l'in-
» térieur sur l'incident soulevé par la lettre sans date du
» réclamant, reçue le 24 courant, et par les observations
» précitées du 28.

» En attendant ces instructions, je vous prie de faire re-
» marquer à M. Proust que les déclarations prescrites par
» l'article 2 de la loi du 11 mai 1868 ne peuvent être
» faites et reçues qu'écrites sur papier timbré, datées et
» légalisées. Elle doivent, enfin, énoncer les nom, pré-
» noms, date de naissance et nationalité du déclarant et
» attester qu'il jouit de ses droits civils et civiques : c'est-

» à-dire qu'il remplit les conditions exigées par l'article 1
» de la loi.

» Recevez, monsieur le maire, l'assurance de ma consi-
» dération distinguée.

> *Le préfet*, signé : L. ISOARD.

» Pour copie certifiée conforme :

» *Pour le Maire de Niort, chevalier de la Légion d'honneur,*

» DEMAY, adjoint. »

M. le maire de Niort.

Ainsi, le 30 septembre, M. le préfet des Deux-Sèvres contestait ce qu'il n'avait pas contesté le 24 : la régularité de la déclaration.

Rien ne m'était plus facile que de faire attester sur papier timbré, avec date et légalisation, que je suis Français, majeur et que je jouis de mes droits civils et politiques. Le *vade-mecum* administratif eut été alors satisfait, et le récépissé, si longuement attendu, eut pu enfin m'être délivré. Mais l'incertitude et la lenteur de la procédure préfectorale m'avaient déjà fait perdre près d'une semaine. Il devenait impossible d'éditer le 1er n° du recueil au jour indiqué. Je pris alors le parti d'en remettre la publication au mois de novembre, me réservant de faire connaître par une autre voie ce que nous avions fait et ce que nous proposions de faire. S'il faut au reste s'expliquer sur l'objection, je dirai que des déclarations, semblables à celle que j'avais déposée le 24 à la préfecture des Deux-Sèvres, ont été faites et reçues, ailleurs, sur papier libre, datées par le récépissé et non par la déclaration, et qu'en outre les attestations que réclamait M. le préfet des Deux-Sèvres sont considérées d'ordinaire non pas comme devant émaner du déclarant, mais comme devant être recherchées par l'autorité qui reçoit la déclaration.

Les articles 1 et 2 de la loi de 1868 ont été compris ainsi, partout où l'interprétation n'a pas pris pour guide le sens le plus étroit de la loi. Mais, laissons de côté ces

subtilités de la réglementation, qui ne sont après tout que
d'une importance secondaire dans le débat.

Le 2 octobre, nouvelle communication de la préfecture
par la mairie.

MAIRIE DE NIORT

(Deux-Sèvres).

N° 304.

Niort, le 2 octobre 1869.

« Monsieur,

» M. le préfet vient de me faire connaître qu'il a reçu de
» Son Excellence M. le Ministre de l'intérieur des instruc-
» tion au sujet de la déclaration que vous avez faite de
» votre intention de publier un écrit périodique, intitulé :
» *Bulletin de la Société d'Enseignement des Deux-Sèvres.*

» Il vous sera donné récépissé de votre déclaration, aus-
» sitôt que vous en aurez déposé une complète et régulière,
» suivant les indications contenues dans la lettre de M. le
» préfet, dont je vous ai remis copie hier.

» Recevez, monsieur, l'assurance de ma considération
» distinguée.

» *Pour le maire, chevalier de la Légion d'honneur,*

» E. DELAVAULT, adjoint. »

M. Antonin Proust, Niort.

Quelle était la teneur des instructions données par M. le
Ministre de l'intérieur ?

M. le Préfet ne la faisait pas connaître, mais il demeurait
évident que le Ministre n'avait pas admis la confusion entre
la délivrance du récépissé et la justification de l'existence
légale de la Société.

— Cependant la commission, nommée par les souscripteurs, discutait le mode d'organisation de la Société et avant de
rédiger des statuts définitifs, soit d'après la loi de 1867,
soit aux termes de l'artice 77 du code de 1850, elle avait
décidé, à l'exemple de la Société de Nice, de réclamer

d'une association déjà autorisée, l'honneur de l'affiliation.

Je m'étais adressé dans ce but au président de l'Association philotechnique, à M. Jules Simon, dont le nom est mêlé à tout ce qui touche aux questions d'enseignement et qui n'avait cessé de nous guider dans notre entreprise avec une sollicitude dont les membres de la ligue des Deux-Sèvres lui expriment ici toute leur reconnaissance. Par une lettre, datée du 25, je lui avais demandé dans quels termes nous devions présenter notre requête pour nous faire reconnaître par l'association qu'il dirige, et par une lettre datée du 27, il m'avait répondu que, forcé de quitter Paris, il priait M. le docteur Hébert, secrétaire général de l'Association philotechnique, de me fournir les indications que je demandais.

Voici la lettre de M. le docteur Hébert :

ASSOSIATION PHILOTECHNIQUE.
—
*Institution gratuite
des ouvriers.*

Secrétariat : Rue Christine, 1.
—

Paris, le 30 septembre 1869.

« Monsieur,

» M. Jules Simon me prie de vous adresser les rensei-
» gnements que vous lui demandez et qu'il regrette de ne
» pouvoir vous donner lui-même, étant obligé de s'absenter
» de Paris jusqu'au 15 octobre. Je vous ferai parvenir, aus-
» sitôt qu'il sera publié, le compte-rendu de notre séance
» de distribution de prix, dans lequel vous trouverez tout
» ce qui peut vous intéresser touchant la création et l'éco-
» nomie des cours que vous voulez établir dans les Deux-
» Sèvres. Quant à la demande d'affiliation à la Société de
» Paris, voici en quels termes cette demande devrait être
» faite :

« Monsieur le Président,

» Nous venons de créer dans le département des Deux-
» Sèvres une ligue de l'Enseignement dont le siége est établi

» à Niort. Les membres de cette Société ont décidé en
» assemblée générale que des cours pour l'instruction gra-
» tuite des ouvriers seraient ouverts sous son patronage.

» Cette institution ayant le même but et désirant se
» constituer avec les mêmes règlements que l'Association
» philotechnique dont vous êtes le président, nous venons
» vous demander, pour notre nouvelle Société, l'autorisa-
» tion de prendre le titre d'*Association philotechnique,*
» *section des Deux-Sèvres.*

» Veuillez agréer, Monsieur, l'assurance de ma plus
» parfaite considération.

Dr L. HÉBERT,

Secrétaire général de l'Association philotechnique de Paris.

Je partis pour Paris afin d'étudier dans ses détails
le fonctionnement de l'Association philotechnique et aussi
afin de prendre les mesures nécessaires à l'organisation des
cours publics.

Il est inutile de dire que M. le docteur Hébert m'accueillit
avec une extrême bienveillance. Il se félicita de voir s'éten-
dre une œuvre au succès de laquelle il a puissamment
contribué et qui compte déjà de nombreuses succursales.
Je lui fis part de notre désir de nous constituer en société-
mère, tout en réclamant l'honneur de prendre en sous-titre
la qualification de section de l'Association philotechnique.
Il approuva ce désir en m'engageant à m'enquérir tout
d'abord au ministère de l'instruction publique de la possi-
bilité de nous faire autoriser aux termes de l'article 291,
ce qui n'aurait d'autre inconvénient que de nous retarder
de quelques jours, puisque nous avions, en cas de refus, la
ressource des lois de 1850 et de 1867.

J'allai donc à la rue de Grenelle, et là je reçus l'assurance que loin de repousser les efforts de l'initiative in-
dividuelle, le ministère se félicitait de les voir venir en aide
aux pouvoirs publics dans une voie où il reste tant à faire.

De retour à Niort, je fis part à mes collègues des dispositions dans lesquelles était le ministère de l'instruction publique à notre égard, et le 14 octobre nous rédigions, selon la formule indiquée, la requête suivante qui a été déposée le 15 au secrétariat général de la Préfecture des Deux-Sèvres, accompagnée du projet de réglement.

A M. le Préfet des Deux-Sèvres.

« Monsieur le Préfet,

» Les soussignés Caillet, Pierre, propriétaire à Romans ;
» Chabaudy, Louis, avocat à Niort ; Desaivre, Léo, docteur-
» médecin à Champdeniers ; Garran de Balzan, Philippe,
» demeurant à Saint-Maixent ; Goguet, Pierre-Henri, no-
» taire à Saint-Maixent ; Monnereau, Pierre-Ernest, pro-
» priétaire à Niort ; Proust, Antonin, propriétaire à Niort ;
» Roy, Edmond, avocat à Coulon,

» Ont l'honneur de vous demander, conformément aux
» termes de l'article 291 du code pénal, de vouloir bien
» les autoriser à former, dans le département des Deux-
» Sèvres, une association de plus de vingt personnes, qui a
» pour but de créer des bibliothèques, d'ouvrir des cours
» et d'organiser des conférences.

» Cette Société prendra le titre de :

» *Ligue de l'Enseignement. Association philotechnique.*
» *Section des Deux-Sèvres.*

» Elle adopterait le réglement ci-joint, et se conforme-
» rait aux usages admis dans les sections déjà existantes de
» l'œuvre philotechnique.

» (Communication à l'autorité supérieure des catalogues
» des bibliothèques, des noms des personnes chargées des
» cours et des sujets adoptés pour les conférences).

» Pour la nomination de ses administrateurs, la Société

» se réserve de les choisir par la voie du scrutin, ainsi que
» cela a lieu dans l'association qui lui sert de modèle.

> » Les soussignés, monsieur le Préfet,
> » ont l'honneur d'être

> » Vos très-humbles serviteurs.

> » *Signé :* PIERRE CAILLET, CHABAUDY, LÉO
> DESAIVRE, GARRAN DE BALZAN, GOGUET,
> MONNEREAU, ANTONIN PROUST, EDMOND
> ROY.

Niort, le 14 octobre 1869.

LIGUE DE L'ENSEIGNEMENT.
Association Philotechnique
(SECTION DES DEUX-SÈVRES).

—

Projet de Réglement.

TITRE Iᵉʳ.

Art. 1. — Le but de l'Association est de propager dans
le département des Deux-Sèvres les meilleures méthodes
d'enseignement.

Art. 2. — Dans ce but, l'Association s'efforce d'établir
dans chaque commune une bibliothèque, d'y ouvrir des
cours et d'y organiser des conférences.

Art. 3. — Elle distribue chaque année des prix décernés
aux meilleures publications populaires.

Art, 4. — Elle publie un bulletin.

Art. 5. — L'Association a son siége à Niort et prend le
titre de *Ligue de l'Enseignement. Association philotechnique.
Section des Deux-Sèvres.*

TITRE II.

Art. 1. — Font partie de la Société toutes les personnes

qui versent une souscription annuelle, quel que soit le chiffre de cette souscription.

Art. 2. — Tous les membres de l'Association nomment et peuvent être nommés aux fonctions dont la nomenclature suit par énumération de fonctionnaires : 1° Un président ; 2° deux vice-présidents ; 3° un secrétaire général ; 4° un trésorier ; 5° six commissaires chargés du choix des livres, de l'établissement des cours et de l'organisation des conférences.

Art. 3. — Les bureaux des sous-sections de la Société sont établis sur les mêmes bases.

Art. 4. — Lesdits bureaux sont responsables des recettes, dépenses et emplois de fonds, et ils en rendent compte deux fois par an, le premier dimanche de chaque semestre, à dater de la constitution définitive de la Société.

Art. 5. — Chaque commission fait d'ailleurs son règlement intérieur.

Titre III.

Art. 1 — Les catalogues des bibliothèques sont imprimés, affichés et communiqués à toute personne qui en fait la demande.

Art. 2. — Les salles des bibliothèques sont ouvertes et les livres sont prêtés : 1° A tous les membres de la Société; 2° à toute personne recommandée par un membre de la Société.

Art. 3. — Il ne peut être prêté plus d'un ouvrage à la fois et les livres ne doivent pas être gardés plus d'un mois.

Art. 4. — Les lecteurs sont responsables des dégradations causés par eux aux volumes prêtés. Le bureau apprécie en cette matière. Une amende de 10 centimes est établie par chaque semaine de retard contre tout lecteur qui n'aura pas rapporté le livre qu'il a emprunté à l'expiration du délai fixé.

Titre IV.

Art. 1. — Le bureau choisit les sujets des conférences

et les personnes chargées de traiter ces sujets. Il donne à ses décisions, sur ce point, la publicité la plus large.

Art. 2. — L'Association établit des cours relatifs aux arts, au commerce, à l'industrie, à la législation usuelle. Elle fait connaître par voie d'affiches les noms des personnes chargées de ces cours et la nature de l'enseignement qu'ils comportent.

Art. 3. — Le *Bulletin* est envoyé, moyennant 2 francs par an, à tout membre de l'association. Le prix de l'abonnement est fixé à 5 francs par an pour toute personne qui ne fait pas partie de l'association.

TITRE V.

Art. 1. — L'Association ne peut être dissoute que par l'Assemblée générale, et à la majorité des trois quarts des membres présents.

Art. 2. — En cas de dissolution, l'actif social est partagé entre les sociétaires au prorata de leurs mises.

———

Je dirai en terminant, à nos collaborateurs, que si notre demande rencontrait des obstacles imprévus, la Société se constituerait immédiatement d'après les articles 48, 49 et 50 de la loi de 1867.

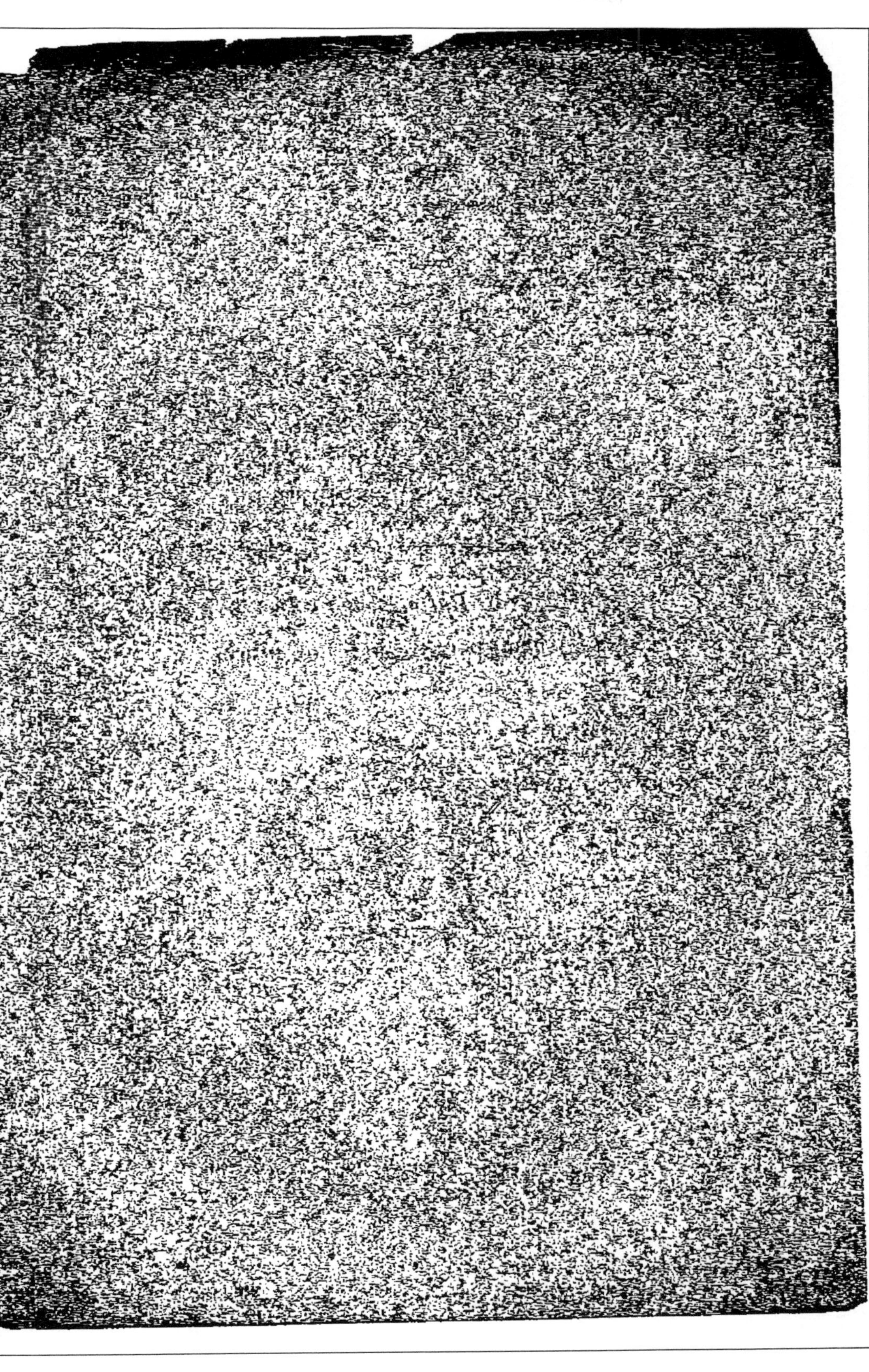

AVIS AUX SOUSCRIPTEURS

Le premier n° du *Bulletin de la Société d'Enseignement* paraîtra le 6 novembre.